Caminhos de luz

Coleção Confiança

Agradecer e louvar ao Senhor: palavras e gestos para fortalecer a nossa fé – Marie de la Visitation

Caminhos de luz: mensagens bíblicas que iluminam a vida – Tarcila Tommasi

Em sintonia com Jesus: orações para renovar sua fé e otimismo – Anselm Grün

Espiritualidade e entusiasmo: caminhos para um mundo melhor – Anselm Grün

Palavras de ouro: promessas bíblicas – Tarcila Tommasi

Senhor, ensina-nos a rezar: reflexões sobre o Pai-Nosso – Lambert Noben

Tarcila Tommasi

Caminhos de luz

Mensagens que iluminam a vida

Dados Internacionais de Catalogação na Publicação (CIP)
(Câmara Brasileira do Livro, SP, Brasil)

Tommasi, Tarcila
   Caminhos de luz : mensagens que iluminam a vida / Tarcila Tommasi. — 4. ed. — São Paulo : Paulinas, 2012. — (Coleção confiança)

   ISBN 978-85-356-3023-7

   1. Ensinamentos bíblicos   2. Vida cristã – Ensino bíblico   I. Título. II. Série.

12-00069 CDD-248.4

Índice para catálogo sistemático:
1. Vida cristã : Mensagens bíblicas   248-4

Citações bíblicas: *Bíblia Sagrada* – Tradução da CNBB. 7. ed. São Paulo, 2008;
Bíblia Sagrada – Nova tradução na linguagem de hoje, 2005.

DIREÇÃO-GERAL:	Flávia Reginatto
EDITORA RESPONSÁVEL:	Luzia M. de Oliveira Sena
ASSISTENTE DE EDIÇÃO:	Andréia Schweitzer
COORDENAÇÃO DE REVISÃO:	Marina Mendonça
REVISÃO:	Leonilda Menossi e Ana Cecilia Mari
DIREÇÃO DE ARTE:	Irma Cipriani
GERENTE DE PRODUÇÃO:	Felício Calegaro Neto
PROJETO GRÁFICO:	Manuel Rebelato Miramontes
EDITORAÇÃO ELETRÔNICA:	Wilson Teodoro Garcia

4ª edição – 2012
4ª reimpressão – 2021

Nenhuma parte desta obra poderá ser reproduzida ou transmitida por qualquer forma e/ou quaisquer meios (eletrônico ou mecânico, incluindo fotocópia e gravação) ou arquivada em qualquer sistema ou banco de dados sem permissão escrita da Editora. Direitos reservados.

Paulinas

Rua Dona Inácia Uchoa, 62
04110-020 – São Paulo – SP (Brasil)
Tel.: (11) 2125-3500
http://www.paulinas.com.br – editora@paulinas.com.br
Telemarketing e SAC: 0800-7010081

© Pia Sociedade Filhas de São Paulo – São Paulo, 2009

Apresentação

"Você é o que pensa", dizem os sábios do comportamento humano. Isso significa que são nossos pensamentos que constroem nossa vida. Você quer modificar para melhor sua vivência? Busque pensamentos vitais, que lhe deem forças criativas.

Já está comprovado que a repetição de certas palavras ou frases condicionam o pensamento, quando são acompanhadas pelo sentido que encerram e a vontade de melhorar a própria vida. Mostrou-me a experiência que a Palavra de Deus, na Bíblia, tem esse dinamismo, isto é, tem a força para motivar o pensar e o agir humano, iluminando os caminhos a serem seguidos.

Não há nenhuma magia nisso. Trata-se, simplesmente, de um processo pelo qual uma palavra do consciente passa ao inconsciente e a fé que acompanha torna a Palavra de Deus viva e eficaz em sua vida.

Na prática: conforme sua necessidade, escolha uma expressão bíblica para repetir durante o dia. Especialmente nos momentos livres, enquanto espera alguém, no trânsito, ou mesmo durante o trabalho, repita as palavras sagradas. Não tenha pressa em obter resultados. Somente creia que "para Deus nada é impossível" (Lc 1,37) e se disponha interiormente a se deixar modificar.

A aceitação de "uma só palavra divina" já iluminou, curou e salvou a vida de muitos: confira na Bíblia. Faço votos que cada palavra deste livro se torne a luz orientadora de sua vida e oração de seu coração para o coração de Deus.

Coragem! Você será muito mais feliz quando sua vida se tornar "eco" e testemunho da Palavra de Deus! Então, também iluminará a vida de muitos a seu redor!

Tarcila Tommasi, fsp

Senhor, escuta a minha prece!

"Ó Senhor Deus, minha rocha, eu peço a tua ajuda!
Não deixes de ouvir o meu pedido..."

(Sl 28[27],1)

Preciso de proteção

"Ó Senhor Deus, protege-me do poder dos maus!"

(Sl 140[139],5a)

"Para ti, Senhor meu Deus, estão voltados meus olhos; em ti me refugio, não deixes que minha vida se perca."

(Sl 141[140],8)

"Não abandone a sabedoria, e ela protegerá você. Ame-a, e ela lhe dará segurança."

(Pr 4,6)

Deus ama você como filho(a).
Confie nele como Pai!

Preciso de perdão

"Ó Deus, tem piedade de mim, conforme a tua misericórdia; no teu grande amor cancela o meu pecado."

(Sl 51[50],3)

"Perdoem os outros, e Deus perdoará vocês", afirmou Jesus.

(Lc 6,37)

"Ó Senhor, esquece os pecados e os erros da minha mocidade. Por causa do teu amor e da tua bondade, lembra de mim."

(Sl 25[24],7)

O perdão é um dom de Deus.
Você já lhe pediu?

Preciso de paz

"É a minha paz que eu lhes dou. [...] Não fiquem aflitos, nem tenham medo", disse Jesus.

(Jo 14,27)

"No que depender de vocês, façam todo o possível para viver em paz com todas as pessoas."

(Rm 12,18)

"Procuremos sempre as coisas que trazem a paz e que nos ajudam a fortalecer uns aos outros na fé."

(Rm 14,19)

A paz interior consiste na serenidade de consciência. Ela é a antessala da paz exterior.

Preciso ser curado

"Cura-me, Senhor, e ficarei curado."

(Jr 17,14)

"Senhor, eu não sou digno de que entres em minha casa. Dize uma só palavra e o meu criado ficará curado. [...]" Jesus disse: "Vai! Conforme acreditaste te seja feito".

(Mt 8,8.13a)

"Alguém dentre vós está sofrendo? Recorra à oração. Alguém dentre vós está doente? Mande chamar os presbíteros da Igreja, para que orem sobre ele, ungindo-o com óleo no nome do Senhor."

(Tg 5,13a-14)

*A nossa fraqueza reclama
pela fortaleza de Deus.*

Preciso decidir

"Revela ao Senhor tuas tarefas, e teus projetos se realizarão."

(Pr 16,3)

"Quem responde antes de ouvir, mostra que é tolo e passa vergonha."

(Pr 18,13)

"Agir sem pensar não é bom; quem se apressa erra o caminho."

(Pr 19,2)

A sabedoria ensina a atitude do silêncio e da escuta, antes de decidir.

Preciso de libertação

"Se vocês continuarem a obedecer aos meus mandamentos, serão, de fato, meus discípulos e conhecerão a verdade, e a verdade os libertará."

(Jo 8,31-32)

"Bendito seja o Senhor, meu rochedo. Meu benfeitor e minha fortaleza, meu refúgio e minha libertação, meu escudo em que confio..."

(Sl 144[143],1a-2)

"É para a liberdade que Cristo nos libertou. Ficai firmes e não vos deixeis amarrar de novo ao jugo da escravidão."

(Gl 5,1)

A experiência de libertação faz-nos conquistar o valor da liberdade interior.

Preciso me relacionar melhor com as pessoas

"Faça aos outros a mesma coisa que deseja que eles façam a você."

(cf. Lc 6,31)

"Não fiquem devendo nada a ninguém. A única dívida que vocês devem ter é a de amar uns aos outros."

(Rm 13,8)

"... Como é boa a palavra certa na hora certa!"

(Pr 15,23b)

Se você dá amor...
receberá amor!

Preciso aceitar o passar da idade

"És tu, Senhor, a minha esperança; és minha confiança desde a juventude."

(Sl 71[70],5)

"Os bons florescem como as palmeiras [...] Na velhice, eles ainda produzem frutos; são sempre fortes e cheios de vida."

(Sl 92[91],13a.15)

"Que os anciãos sejam sóbrios, sérios, sensatos, sadios na fé, no amor, na constância. Igualmente as mulheres idosas [...] ensinem o bem."

(Tt 2,2-3)

Há valores em todas as idades.
Creia em suas capacidades.

O Senhor é fonte de vida, mesmo nos momentos difíceis...

"O Cordeiro será o seu pastor
e conduzirá às fontes da água vivificante.
E Deus enxugará toda lágrima de seus olhos."

(Ap 7,17)

Na tentação

"Deus é fiel e não permitirá que sejais provados acima de vossas forças. Pelo contrário, junto com a provação ele providenciará o bom êxito, para que possais suportá-la."

(1Cor 10,13b)

"Tudo posso naquele que me dá força."

(Fl 4,13)

"Não te deixes vencer pelo mal. Vence o mal pelo bem."

(Rm 12,21)

Errar é humano.
Mas está a seu dispor a força de Deus
para não cair no erro.

Na angústia

"Na minha angústia invoquei o Senhor, ao meu Deus gritei por socorro; lá do seu templo ele ouviu minha voz, chegou meu grito aos seus ouvidos."

(Sl 18[17],7)

"Quem pode nos separar do amor de Cristo? Serão os sofrimentos, as dificuldades, a perseguição, a fome, a pobreza, o perigo ou a morte? [...] Não há nada que possa nos separar do amor de Deus, que é nosso por meio de Cristo Jesus, o nosso Senhor."

(Rm 8,35.39b)

"Se Deus é por nós, quem será contra nós?"

(Rm 8,31b)

Dentro de você encontra-se o desejo
e a força de transformação.
Coragem!

Na doença

"Jesus curou muitas pessoas de todo tipo de doenças..."

(Mc 1,34)

"Todos queriam tocar em Jesus porque dele saía um poder que curava todas as pessoas."

(Lc 6,19)

"Se algum de vocês está sofrendo, ore. [...] Se algum de vocês estiver doente, chame os presbíteros da Igreja para que façam oração [...] Essa oração, feita com fé, salvará a pessoa doente. O Senhor lhe dará saúde e perdoará os pecados que tiver cometido."

(Tg 5,13-15)

*Nos momentos de dor,
você está convidado a crer e a esperar
"contra toda a esperança" (Rm 4,18).*

No temor da morte

"Jesus disse: 'Eu sou a ressurreição e a vida. Quem crê em mim, ainda que morra, viverá'."

(Jo 11,25)

"Ainda que eu ande por um vale escuro como a morte, não terei medo de nada. Pois tu, ó Senhor Deus, estás comigo; tu me proteges e me diriges."

(Sl 23[22],4)

"A vontade de meu Pai é que todos os que veem o Filho e creem nele tenham a vida eterna; e no último dia eu os ressuscitarei."

(Jo 6,40)

A aceitação é o segredo que nos faz cair nos braços da paz eterna.

No luto

O Senhor renova as minhas forças e me guia por caminhos certos, como ele mesmo prometeu.

(Sl 23[22],3)

"De fato, nós sabemos que, quando for destruída esta barraca em que vivemos, que é o nosso corpo aqui na terra, Deus nos dará, para morarmos nela, uma casa no céu. Esta casa não foi feita por mãos humanas; foi Deus quem a fez, e ela durará para sempre."

(2Cor 5,1)

A morte não é a última palavra,
porque Cristo morreu e ressuscitou por todos.
A vida não morre.

Na decepção

"A maldade leva os maus à desgraça, mas a honestidade protege os bons."

(Pr 14,32)

"Se Deus está do nosso lado, quem poderá nos vencer? Ninguém!"

(Rm 8,31b)

"Ponha a sua vida nas mãos do Senhor, confie nele, e ele o ajudará."

(Sl 37[36],5)

*Não se inquiete por aquilo
que outros fizeram a você,
mas reflita sobre o que você
vai fazer aos outros.*

Na raiva

"Que o amor fraterno vos una uns aos outros, com terna afeição, rivalizando-vos em atenções recíprocas."

(Rm 12,10)

"Abençoai os que vos perseguem, abençoai e não amaldiçoeis. Alegrai-vos com os que se alegram, chorai com os que choram."

(Rm 12,14-15)

"Quem ama é paciente e bondoso. Quem ama não é ciumento, nem orgulhoso, nem vaidoso. Quem ama não é grosseiro nem egoísta; não fica irritado, nem guarda mágoas."

(1Cor 13,4-5)

Mais importante que as atitudes dos outros, é o que você pensa sobre elas.

O Senhor está sempre a meu lado

"Eis que estou convosco todos os dias,
até o fim dos tempos."

(Mt 28,20)

Quando estou preocupado

"Entregue seus problemas ao Senhor, e ele o ajudará; ele nunca deixa que fracasse a pessoa que lhe obedece."

(Sl 55[54],23)

"Não fiquem preocupados com o dia de amanhã... Para cada dia basta as suas próprias dificuldades", disse Jesus.

(Mt 6,34)

"Não se preocupem com nada, mas em todas as orações peçam a Deus o que vocês precisam e orem sempre com o coração agradecido."

(Fl 4,6)

A preocupação não resolve os problemas.
Pense em possíveis soluções.

Quando tenho medo

"O Senhor Deus é a minha luz e a minha salvação; de quem terei medo?
O Senhor me livra de todo perigo; não ficarei com medo de ninguém."

(Sl 27[26],1)

"No amor não há medo; o amor que é totalmente verdadeiro afasta o medo."

(1Jo 4,18)

"Não tenhais medo daqueles que matam o corpo, mas são incapazes de matar a alma! [...] Quanto a vós, até os cabelos da cabeça estão todos contados. Não tenhais medo!"

(Mt 10,28a.30-31a)

O medo enfraquece as forças.
O otimismo as restaura.

Quando sinto solidão

"Será que uma mãe pode esquecer o seu bebê? Será que pode deixar de amar o seu próprio filho? Mesmo que isso acontecesse, eu nunca esqueceria vocês."

(Is 49,15)

"Eu estou com vocês todos os dias, até o fim dos tempos."

(Mt 28,20b)

"A pessoa que procura segurança no Deus Altíssimo e se abriga à sombra protetora do Todo-Poderoso pode dizer a ele: 'Ó Senhor Deus, tu és o meu defensor e o meu protetor. Tu és o meu Deus; eu confio em ti."

(Sl 91[90],1-2)

*Amigo, há pessoas procurando
o que só você pode lhes oferecer.
Relacione-se...*

Quando me sinto culpado

"Louvemos a Deus pela sua gloriosa graça, que ele nos deu gratuitamente por meio do seu querido Filho. Pois, pela morte de Cristo na cruz, nós somos libertados, isto é, os nossos pecados são perdoados."

(Ef 1,6-7)

"Por causa do teu amor, ó Deus, tem misericórdia de mim. Por causa da tua grande compaixão, apaga os meus pecados."

(Sl 51[50],3)

"Ó Deus, cria em mim um coração puro e dá-me uma vontade nova e firme!"

(Sl 51[50],12)

*O que for lavado no sangue
de Cristo crucificado, perdoado está.*

Quando estou nervoso

"Cada um esteja pronto para ouvir, mas demore para falar e ficar com raiva."

(Tg 1,19)

"Em tudo mostramos que somos servos de Deus, suportando com muita paciência as aflições, os sofrimentos e as dificuldades."

(2Cor 6,4)

"É tolice tratar os outros com desprezo; a pessoa prudente prefere ficar calada."

(Pr 11,12)

Pense: se todos agissem sob o efeito do nervosismo, como seria a humanidade?

Senhor, mostra-me teus caminhos!

"Espera no Senhor, sê forte;
firme-se teu coração e espera no Senhor."

(Sl 27[26],14)

Os negócios vão mal

"Ó Senhor Deus, tenho seguido os teus ensinamentos; não me deixes passar pela vergonha do fracasso. [...] Dá-me forças como prometeste."

(Sl 119[118],31.38b)

"Ponha a sua vida nas mãos do Senhor, confie nele, e ele o ajudará."

(Sl 37[36],5)

"Ó Deus, tu vês e percebes o sofrimento e a tristeza e sempre estás pronto para ajudar. [...] Tu sempre tens socorrido os necessitados."

(Sl 10[9B],14)

Quando o problema lhe parecer grande demais, lembre-se: Deus é maior!

Sinto-me sobrecarregado

"Venham a mim, todos vocês que estão cansados de carregar as suas pesadas cargas, e eu lhes darei descanso", disse Jesus.

(Mt 11,28)

"Fortaleçam as mãos cansadas, deem firmeza aos joelhos fracos. Digam aos desanimados: 'Não tenham medo; animem-se, pois o nosso Deus está aqui'."

(Is 35,3-4)

"Continuem ocupados no trabalho do Senhor, pois vocês sabem que todo o seu esforço nesse trabalho sempre traz proveito."

(1Cor 15,58b)

Quando você trabalha com amor,
está rezando com as mãos.

Os amigos me abandonaram

"Socorro, Senhor! Os bons estão acabando; está sumindo a lealdade entre os homens."

(Sl 12[11],1)

"O pobre é desprezado até pelo seu vizinho, mas o rico tem muitos amigos."

(Pr 14,20)

"Ó Senhor Deus, como eu te amo! Tu és a minha força, a minha rocha, a minha fortaleza e o meu libertador. [...] Tu me proteges como um escudo; és meu abrigo; contigo estou seguro."

(cf. Sl 18[17],2-3)

Você é livre:
ligue-se a quem realmente vale a pena.

Fui assaltado

"O Senhor está perto de todos os que o invocam, dos que o invocam de coração sincero."

(Sl 145[144],18)

"Diz o Senhor: 'Eu salvarei aqueles que me amam e protegerei os que reconhecem que eu sou Deus, o Senhor. Quando eles me chamarem, eu responderei e estarei com eles nas horas de aflição. Eu os livrarei e farei com que sejam respeitados.'"

(Sl 91[90],14-15)

"Que todo o meu ser louve o Senhor, e que eu não esqueça nenhuma das suas bênçãos!"

(Sl 103[102],2)

Em qualquer situação em que você se encontre, segure na mão de Deus, e confie.

Estou sendo caluniado

"Falai bem dos que falam mal de vós e orai por aqueles que vos caluniam. [...] Se amais somente aqueles que vos amam, que generosidade é essa?"

(Lc 6,28.32a)

"Até a presente hora [...] somos injuriados, e abençoamos; somos perseguidos, e suportamos; somos caluniados, e exortamos."

(1Cor 4,12a-13a)

"Senhor, a tua Palavra é lâmpada para guiar os meus passos, é luz que ilumina o meu caminho."

(Sl 119[118],105)

Mesmo no sofrimento, lembre-se:
Deus vê o coração das pessoas.

Sou vítima de inveja

Jesus sabia que os sumos sacerdotes o tinham entregue [à morte] por inveja.

(cf. Mc 15,10)

"Pai, perdoa esta gente! Eles não sabem o que estão fazendo."

(Lc 23,34)

"Não busquemos vanglória, provocando-nos ou invejando-nos uns aos outros."

(Gl 5,26)

"Se você não quer se meter em dificuldades, tome cuidado com o que diz."

(Pr 21,23)

Não se deixe ferir pelo que dizem de você.
O amor sempre vence.

Senhor, ensina-me...

"Jesus viu uma grande multidão
e encheu-se de compaixão por eles,
porque eram como ovelhas que não têm pastor,
e começou, então, a ensinar-lhes muitas coisas."

(Mc 6,34)

Como orar

"Quando orardes, dizei: Pai, santificado seja teu nome; venha o teu Reino; dá-nos a cada dia o pão cotidiano, e perdoa-nos os nossos pecados, pois nós também perdoamos a todo aquele que nos deve; e não nos deixes cair em tentação."

(Lc 11,2-4)

"Dai graças em toda e qualquer situação, porque esta é a vontade de Deus, no Cristo Jesus, a vosso respeito."

(1Ts 5,18)

*Ninguém é maior
do que uma pessoa quando está,
de joelhos, em oração.*

Como amar

"Filhinhos, o nosso amor não deve ser somente de palavras e de conversa. Deve ser um amor verdadeiro, que se mostra por meio de ações."

(1Jo 3,18)

"Que o amor de vocês não seja fingido... Amem uns aos outros com o amor de irmãos em Cristo e se esforcem para tratar uns aos outros com respeito."

(Rm 12,9-10)

"Amar a Deus é obedecer aos seus mandamentos."

(1Jo 5,3)

Uma gota de solidariedade com o próximo pode ser o início de um oceano de amor.

Como agradecer

"Sejam agradecidos a Deus em todas as ocasiões."

(1Ts 5,18)

"Cantem salmos, hinos e canções espirituais; louvem a Deus, com gratidão no coração."

(Cl 3,16b)

"Minha alma, bendize o Senhor, e tudo o que há em mim ao seu santo nome!
Minha alma, bendize o Senhor, e não esqueças nenhum de seus benefícios."

(cf. Sl 103[104],1-2)

Um coração agradecido
atrai sempre novas bênçãos.

Como construir um lar

"É melhor comer um pedaço de pão seco, tendo paz de espírito, do que ter um banquete numa casa cheia de brigas."

(Pv 17,1)

"Se o Senhor Deus não edificar a casa, não adianta nada trabalhar para construí-la."

(Sl 127[126],1)

"Os filhos são um presente do Senhor; eles são uma verdadeira bênção."

(Sl 127[126],3)

Só o amor constrói um lar.
Os móveis, a roupa, a decoração, o carro
são somente "coisas" para a casa.

Como abençoar

Com estas palavras deveis abençoar:
"O Senhor te abençoe e te guarde.
O Senhor faça brilhar sobre ti sua face, e se compadeça de ti.
O Senhor volte para ti o seu rosto e te dê a paz".

(Nm 6,24-26)

A bênção é um voto de felicidade e proteção, uma expressão de agradecimento pelos favores concedidos por Deus.

Como tratar o pobre

"Quem calunia o indigente insulta quem o criou; honra o Criador, quem se compadece do pobre.

(Pv 14,31)

"Felizes vós, os pobres, porque vosso é o Reino de Deus", afirmou Jesus.

(Lc 6,20)

"Feliz quem é compassivo e empresta, administra seus bens com justiça. [...] Ele reparte e dá aos pobres, sua justiça permanece para sempre, seu poder se eleva na glória."

(Sl 112[111],5.9)

*O grito do pobre injustiçado
é o eco do grito de Deus.*

Como viver contente

O apóstolo Paulo insiste: "Tenham sempre alegria, unidos com o Senhor! Repito: tenham alegria!".

(Fl 4,4)

"[...] Aprendi a estar satisfeito com o que tenho. [...] Aprendi o segredo de me sentir contente em todo lugar e em qualquer situação, quer esteja alimentado ou com fome, quer tenha muito ou tenha pouco. Com a força que Cristo me dá, posso enfrentar qualquer situação."

(Fl 4,11b-13)

"A alegria embeleza o rosto, mas a tristeza deixa a pessoa abatida."

(Pr 15,13)

Acredite no sol,
mesmo quando ele não aparece
nas manhãs da vida.

Senhor, ajuda-me a crescer na fé!

"Senhor, eu creio, mas aumenta a minha fé!"

(cf. Mc 9,24)

Deus me parece distante

"Ó Senhor Deus, até quando esquecerás de mim? [...] Olha para mim e responde-me! Dá-me forças novamente [...] Eu confio no teu amor."

(Sl 13[12],2a.4.6a)

"Ó Deus, tu és o meu Deus, procuro estar na tua presença. Todo o meu ser deseja estar contigo; eu tenho sede de ti como uma terra cansada, seca e sem água."

(Sl 63[62],2)

"Na realidade, [Deus] não está longe de cada um de nós; pois nele vivemos, nos movemos e existimos."

(At 17,27b-28)

Encontrar-se e acolher outras pessoas nos enriquece com a presença de Deus.

Tenho dificuldade para perdoar

"Pedro perguntou a Jesus: 'Senhor, quantas vezes devo perdoar o meu irmão que peca contra mim? Sete vezes?' 'Não!', respondeu Jesus. 'Você não deve perdoar sete vezes, mas setenta e sete vezes.'"

(Mt 18,21-22)

"De fato, se vós perdoardes aos outros as suas faltas, vosso Pai que está nos céus também vos perdoará."

(Mt 6,14)

"Assim como o Senhor perdoou vocês, perdoem uns aos outros."

(Cl 3,13)

O perdão é a maior alegria que você pode dar a quem o ofendeu.

Tenho dificuldade em querer bem a certas pessoas

"O meu mandamento é este: amem uns aos outros como eu amo vocês."

(Jo 15,12)

"Não paguem mal com o mal, nem ofensa com ofensa. Pelo contrário, paguem a ofensa com uma bênção, porque para isto vocês foram chamados: para serem herdeiros da bênção."

(cf. 1Pd 3,9)

"Não julguem os outros, e Deus não julgará vocês. Não condenem os outros, e Deus não condenará vocês. Perdoem os outros, e Deus perdoará vocês."

(Lc 6,37)

O erro de um irmão é sempre um grito chamando por mais amor.

A vida me parece inútil

"Senhor, que é um simples ser humano para que penses nele? Que é um ser mortal para que te preocupes com ele? No entanto, fizeste o ser humano inferior somente a ti mesmo e lhe deste a glória e a honra de um rei."

(Sl 8,5-6)

"Senhor, tu criaste cada parte do meu corpo, tu me formaste na barriga da minha mãe.
Tudo o que fazes é maravilhoso, e eu sei disso muito bem."

(Sl 139[138],13-14b)

Afirma Jesus: "Eu vim para que todos tenham vida, e a tenham em abundância."

(Jo 10,10b)

Jesus Cristo preferiu morrer por você,
para não viver sem você.

Minha fé enfraqueceu

"Senhor, aumenta a nossa fé!"

(Lc 16,5)

"A fé é a certeza de que vamos receber as coisas que esperamos e a prova de que existem coisas que não podemos ver."

(Hb 11,1)

"Estejam alertas, fiquem firmes na fé, sejam corajosos, sejam fortes", recomenda o apóstolo Paulo.

(1Cor 16,13)

*A fé, muitas vezes, é a única certeza
que nos faz prosseguir no caminho começado.*

Preciso conhecer melhor Jesus Cristo

Jesus mesmo se definiu: "Eu sou o caminho, a verdade e a vida; ninguém pode chegar até o Pai a não ser por mim."

(Jo 14,6)

"Eu sou o bom pastor; o bom pastor dá a vida pelas ovelhas."

(Jo 10,11)

O Pai testemunhou: "Este é o meu Filho querido, que me dá muita alegria. Escutem o que ele diz!".

(Mt 17,5)

Conhecer é o primeiro passo para amar.

Sumário

Apresentação.. 5

SENHOR, ESCUTA A MINHA PRECE!

    Preciso de proteção.. 10
    Preciso de perdão... 11
    Preciso de paz.. 12
    Preciso ser curado.. 13
    Preciso decidir.. 14
    Preciso de libertação.. 15
    Preciso me relacionar melhor com as pessoas...... 16
    Preciso aceitar o passar da idade............................ 17

O SENHOR É FONTE DE VIDA,
MESMO NOS MOMENTOS DIFÍCEIS...

    Na tentação... 20
    Na angústia... 21
    Na doença... 22
    No temor da morte... 24
    No luto... 25
    Na decepção... 26
    Na raiva... 27

O Senhor está sempre a meu lado

- Quando estou preocupado 30
- Quando tenho medo 31
- Quando sinto solidão 32
- Quando me sinto culpado 33
- Quando estou nervoso 34

Senhor, mostra-me teus caminhos!

- Os negócios vão mal 38
- Sinto-me sobrecarregado 39
- Os amigos me abandonaram 40
- Fui assaltado 41
- Estou sendo caluniado 42
- Sou vítima de inveja 43

Senhor, ensina-me...

- Como orar 46
- Como amar 47
- Como agradecer 48
- Como construir um lar 49
- Como abençoar 50
- Como tratar o pobre 51
- Como viver contente 52

Senhor, ajuda-me a crescer na fé!

- Deus me parece distante 56
- Tenho dificuldade para perdoar 57

Tenho dificuldade em querer bem
a certas pessoas 58
A vida me parece inútil 59
Minha fé enfraqueceu 60
Preciso conhecer melhor Jesus Cristo 61